Escribe para Conquistar Corazones

El arte de contar historias irresistibles!

ANNA KATMORE

www.annakatmore.com

Índice

Querido Escritor

Los prólogos suelen ser ignorados, pero si todavía estás aquí, voy a asegurarme de que valga la pena tu tiempo.

Antes que nada, ¡enhorabuena! Decidirte por un manual sobre escritura —ya sea este o cualquier otro— demuestra tu compromiso con perfeccionar tu arte. Escribir requiere una chispa de talento, claro, pero también es una habilidad, o mejor aún, una profesión, que se aprende a dominar. Hay técnicas que los principiantes suelen desconocer, y esas técnicas pueden marcar la diferencia entre una historia cautivadora y otra fácilmente olvidable. Para usar una comparación un tanto dramática: ningún cirujano realiza una apendicectomía en su primer día. Estudian, se entrenan y practican hasta que logran operar con maestría y confianza.

Es probable que muchos de ustedes sueñen con alcanzar el éxito desde su primera publicación, creando un bestseller desde el primer intento. ¡Eso es completamente posible! Lo sé porque fue mi caso. Pero aquí va la verdad: antes de ese gran momento, pasé años escribiendo, reescribiendo y devorando todo recurso sobre escritura que encontré. Asistí a innumerables talleres y escribí tres novelas completas que nunca llegaron a publicarse. Esos primeros proyectos no fueron fracasos; fueron lecciones. Cada uno me enseñó algo invaluable sobre el arte de contar historias.

Con el tiempo, mi estilo llegó a un punto donde era lo suficientemente pulido para ser a la vez entretenido y comercial. Cuando finalmente publiqué mi primer libro, la recompensa fue una base de lectores que creció rápidamente. Hoy escribo novelas de fantasía y romance para jóvenes adultos, imparto talleres y ofrezco mentorías personalizadas para escritores emergentes. Crear esta guía me pareció el siguiente paso natural.

Así que, sin más rodeos... ¡comencemos!

El comienzo perfecto

Una historia bien contada no siempre empieza por el principio. De hecho, empezar con una introducción larga suele ser un error. Evita descripciones extensas del paisaje o intentos excesivamente elaborados de crear una atmósfera. En lugar de eso, sumérgete directamente en la acción. Cuanto más rápido tu historia atrape al lector, más fácil será mantener su atención.

Lleva tu narrativa hasta el momento en que ocurre el primer acontecimiento significativo. Cierra los ojos e imagina la escena: ¿qué está sucediendo? ¿En qué punto la tensión alcanza su cúspide? Ese es tu punto de partida.

No te preocupes si el lector aún no sabe quiénes son los personajes o dónde están. Esos detalles se revelarán de manera natural conforme avance la historia. Tu objetivo principal es enganchar a tu audiencia desde el primer instante. Esto comienza con un primer párrafo impactante—o, mejor aún, con una primera línea que sea irresistible.

Un intercambio de diálogo ágil y certero puede ser una herramienta poderosa. Si tu personaje está solo, crea tensión a través de sus pensamientos internos. Otra técnica efectiva es condensar el tema central de tu libro en una sola frase memorable—una que insinúe el viaje que está por venir. Haz que intrigue, pero que también sea fiel al tono de tu género.

Si tu escena inicial está cargada de acción, revela los detalles de forma gradual. Sumerge al lector en el momento como si lo hubieran empujado a través de una puerta justo en medio de la acción. Olvídate de las formalidades como describir el clima o ubicar el perchero en la entrada. En su lugar, lánzalo directamente al corazón del conflicto: sin antecedentes, sin explicaciones, sin rodeos. Haz que cada frase construya sobre la anterior, atrayendo al lector cada vez más hacia los acontecimientos en desarrollo.

Un comienzo convincente no solo establece el escenario, sino que exige atención y promete al lector que está a punto de vivir algo inolvidable.

Desarrollo de personajes

Un libro cobra vida a través de sus personajes. Cuanto más tridimensionales sean, más fascinantes resultarán para tus lectores. Tu meta debe ser que tus personajes salten de las páginas, de modo que al final de la historia, los lectores sientan que han compartido su vida con ellos.

Dale vitalidad a tus personajes a través del movimiento. Si permanecen estáticos o inmóviles, corren el riesgo de parecer figuras planas y sin alma. Las pequeñas acciones y los sutiles cambios en sus expresiones faciales los vuelven más reales. Estos gestos logran que el lector sienta que está en la misma habitación, observándolos de cerca. Además, puedes emplear acciones concretas para transmitir emociones sin necesidad de nombrarlas explícitamente.

Piensa en gestos cotidianos como estos:

- Rascarse la nariz.
- Pasarse una mano por el cabello.
- Cambiar el peso de un pie al otro.
- Hacer un pequeño agujero en el suelo con la punta del zapato.
- Fruncir o apretar los labios.
- Cruzar los brazos.
- Mover las cejas con picardía.
- Sacar un paquete de chicles o mentas.
- Silbar entre los dientes.
- Limpiarse la nariz con el dorso de la mano.
- Masajearse las sienes.
- Levantar las manos al aire con frustración o entusiasmo.
- Jugar con objetos sobre una mesa.

Para describir expresiones faciales de manera más auténtica, párate frente a un espejo. Imita las expresiones que tu personaje haría y descríbelas con detalle, capturando cada matiz.

Regla de oro para presentar personajes nuevos:

Cuando comiences una historia, introduce al menos seis detalles personales sobre tu protagonista en las primeras dos páginas. Estos pueden incluir cualquier cosa: desde su pasta de dientes favorita hasta su programa de televisión preferido o incluso su número de calzado. Cuantos más detalles ofrezcas, más clara será la imagen en la mente del lector, facilitando que se identifiquen con el personaje y establezcan un vínculo emocional.

El mismo principio se aplica a personajes importantes que aparezcan más adelante, pero no a figuras secundarias como porteros, carteros o vendedores. Los personajes principales deben cobrar vida rápidamente, ya que los lectores desean conocerlos en profundidad desde el principio.

Detalles clave a incluir son la edad, el color del cabello, la complexión y la vestimenta. Es frustrante para un lector imaginar a una heroína con cabello negro corto durante tres capítulos, solo para descubrir que en realidad tiene rizos rojos alborotados. Fija estas características básicas desde el principio, junto con el contexto del entorno y la época del año o el momento del día.

Evita, sin embargo, enumerar estos atributos de forma mecánica. En su lugar, intégralos de manera fluida en la narrativa. Al describir la apariencia de un personaje, añade un contexto que muestre cómo esos detalles afectan su personalidad o acciones. Este enfoque evita el temido *info-dump* (un despliegue torpe y excesivo de información) y, en cambio, fomenta un desarrollo orgánico y dinámico.

Un consejo práctico es crear una ficha para cada personaje, anotando rasgos clave como el color de cabello y ojos, la estatura, la edad, las preferencias personales e incluso detalles de su historia familiar.

Con un elenco amplio, es fácil olvidar estos aspectos, y buscarlos repetidamente en el manuscrito puede ser tedioso.

Perspectiva narrativa (POV)

La perspectiva narrativa, o *Point of View* (POV), se refiere al punto de vista desde el cual se cuenta la historia.

Decide cuál se adapta mejor a tu relato. ¿Escribirás en primera persona, como si el narrador hablara directamente (yo), o en tercera persona, describiendo los eventos desde la perspectiva de "él" o "ella"?

Ambas perspectivas son igual de válidas para el mercado. Siempre habrá lectores que prefieran una sobre la otra, así que escoge la que te resulte más cómoda y natural. Dicho esto, la primera persona es cada vez más popular en novelas juveniles y románticas. Su estilo íntimo, parecido al de un diario, permite que el lector se sumerja más profundamente en la historia, logrando una experiencia más personal y envolvente.

Sea cual sea tu elección, hay una regla esencial: permanece dentro del rango sensorial de tu narrador. Solo describe lo que el personaje narrador puede percibir en ese momento.

Por ejemplo, si tu protagonista está de espaldas a una puerta y alguien entra, no puede saber quién es sin una pista visual o auditiva.

Incorrecto: La puerta se abre detrás de mí, y Amy entra.

Correcto: Escucho cómo se abre la puerta detrás de mí, seguida de pasos suaves. Al oír un "hola" familiar, reconozco la voz de Amy sin necesidad de darme la vuelta.

Este principio también se aplica a eventos que suceden fuera del alcance del personaje, como un objeto que cae en otra habitación o un auto que pasa fuera de su campo visual. Limítate a describir lo que el personaje puede ver, oír, oler o sentir de forma realista. Cualquier cosa que vaya más allá entra en la perspectiva omnisciente (*Omni-POV*), donde el narrador lo sabe todo. Aunque el *Omni-POV* puede ser útil en ciertos casos, genera distancia entre el lector y el personaje, lo que a menudo disminuye la inmersión.

Si tu historia alterna entre varias perspectivas, asegúrate de que cada cambio sea claro y evidente. Lo ideal es comenzar un nuevo capítulo para cada POV o usar un símbolo de pausa, como *** dentro de los capítulos.

Evita a toda costa el *head-hopping*. Este error —cambiar de perspectiva dentro de una misma escena sin previo aviso— confunde al lector y rompe la experiencia narrativa. Establecer límites claros en el POV garantiza que tu relato sea cohesivo, inmersivo y fluido.

¡MUESTRA, NO CUENTES!

Ser escritor no se trata únicamente de tener una buena historia; se trata de narrarla de forma vívida y envolvente.

El principio de *"Muestra, no cuentes"* es uno de los pilares fundamentales de la escritura, aunque puede ser un desafío para los principiantes dominarlo. En esencia, significa: narra a través de acciones y detalles en lugar de resumir los acontecimientos.

La diferencia esencial:

CONTAR se usa para resúmenes breves o cuando necesitas transmitir información rápidamente.

Proporciona los datos básicos, pero no genera una imagen mental impactante. El lector comprende qué ocurrió, pero carece de una sensación clara de cómo se veía, sentía, olía o sonaba la escena.

MOSTRAR, en cambio, permite al autor crear un cuadro nítido en la mente del lector. Cuando se hace bien, convierte la historia en una "película mental", sumergiendo por completo al lector. Este es el verdadero arte de la narración.

Para *mostrar*, apóyate en verbos específicos y fuertes, y minimiza el uso excesivo de adverbios.

En lugar de: *Salió enojado.*
Prueba: *Salió pisando fuerte. / Abrió la puerta de un golpe y salió furioso.*

En lugar de: *Ella dijo malhumorada.*
Prueba: *Gruñó. / Murmuró entre dientes.*

El objetivo es expresar emociones (hambre, tristeza, alegría, amor, rabia, etc.) y estados de ánimo a través de expresiones faciales, gestos, acciones, pensamientos y diálogos, sin nombrar directamente la emoción.

Ejemplo 1

Contar: Mi hermana estaba enferma esa mañana.

Mostrar: Cuando abrí la puerta del cuarto de mi hermana pequeña esa mañana, un fuerte olor a jarabe para la tos me golpeó. Sobre la mesita de noche, un depresor lingual olvidado por el médico descansaba junto a un paquete arrugado de pastillas para la fiebre. Sarah estaba recostada contra sus almohadas, sonándose la nariz en un pañuelo antes de arrugarlo y lanzarlo al bote de basura, que ya desbordaba. Su nariz roja e hinchada contrastaba con la palidez de su rostro, y sus ojos llorosos parpadeaban pesadamente. Los dedos de sus calcetines amarillos de punto asomaban por debajo del edredón.

—Mamá dijo que te trajera un vaso de agua —murmuré, subiéndome el cuello del suéter sobre la nariz para evitar los gérmenes.

Ejemplo 2

Contar: Después de la discusión con su exnovia, se subió al coche y se fue enfurecido.

Mostrar: —¡Maldita sea! —rugió mientras ella giraba sobre los altos tacones de sus botas y se alejaba como una modelo en pasarela. Con un tirón brusco, abrió la puerta de su Toyota negro y se dejó caer pesadamente en el asiento del conductor, mascullando entre dientes. ¿En qué demonios estaba pensando al venir aquí otra vez? Ya la conocía demasiado bien; debió haberse mantenido lejos.

—¡Mierda! —gruñó, golpeando el volante con tal fuerza que la aguja del velocímetro vibró detrás del cristal. Sus manos temblaban mientras metía la llave en el encendido, y el motor rugió al primer intento. Los neumáticos chirriaron cuando pisó el acelerador a fondo, y el coche se lanzó hacia adelante, dejando una estela de humo y caucho quemado. No le importaba quién pudiera escuchar el estruendo ni quién lo viera atravesar la calle a una velocidad tres veces superior al límite permitido.

El arte de mostrar

El principio de *"Muestra, no cuentes"* no se trata solo de embellecer la prosa, sino de enriquecer la experiencia del lector. Al invitarlo a imaginar, sentir y conectar con cada escena, haces que la historia cobre vida y deje una huella más profunda. Esta técnica eleva la calidad narrativa y convierte la lectura en un viaje inmersivo e inolvidable.

Diálogo

El diálogo adecuado es fundamental en cualquier género: terror, ficción histórica, comedia o romance. Puede aportar estilo y personalidad a tu libro o hacerlo sentir superficial y aburrido.
Lo que dicen —o callan— tus personajes tiene un peso enorme.

Para ser efectivo, el diálogo debe cumplir al menos uno de estos propósitos:

- Impulsar la trama hacia adelante.
- Definir la personalidad de los personajes.
- Plantear un punto clave.

¿Suena simple? Con práctica, puede serlo. Sin embargo, muchos principiantes caen en un error común: incluir conversaciones vacías. Por ejemplo, que Harald le pregunte a su hermana sobre el clima no añade nada a la historia. Evita los diálogos que no llevan a ningún lado. Cada línea, por breve que sea, debe tener un propósito más profundo. El diálogo debe generar un impacto emocional o revelar algo importante. Las charlas triviales no tienen cabida en tu novela.

Natural, pero no demasiado realista

El diálogo debe sonar natural, pero no debe reflejar literalmente el habla cotidiana. En la vida real, las personas divagan, se interrumpen y se repiten, pero un exceso de realismo puede frustrar a los lectores. Por ejemplo:

'¡Oh, Dios mío, él también va a la fiesta! ¿Qué me voy a poner? ¡OMG, necesito un vestido nuevo! No puedo usar algo que ya me haya visto puesto. ¡Oh, Dios mío, oh, Dios mío, oh, Dios mío!'

Aunque esto podría reflejar el habla real, en una novela se vuelve tedioso. Después del tercer 'Oh, Dios mío', tus lectores podrían empezar a saltarse líneas. Busca un equilibrio: mantén el diálogo auténtico pero conciso. Reserva las frases dramáticas o exclamaciones para momentos de verdadera tensión o peso emocional, y usa la repetición de manera intencionada.

Cómo añadir profundidad al diálogo

El diálogo bien construido va más allá de la conversación superficial. Puede revelar o disimular las motivaciones de un personaje, anticipar eventos futuros o reflejar conflictos latentes.

- **Motivación:** Utiliza palabras cuidadosamente seleccionadas para mostrar qué impulsa a un personaje en una situación específica. ¿Qué pasa por su mente? ¿Qué intenciones ocultas podría tener? No lo hagas demasiado evidente;

confía en alusiones y frases con doble sentido.

- **Presagio:** Un diálogo inteligente puede generar expectativa. Insinúa lo que está en juego sin revelar demasiado. Esto mantiene a los lectores intrigados hasta que el desenlace les brinde un satisfactorio '¡ahora lo entiendo!'.
- **Conflicto:** El conflicto es el corazón de cualquier historia. Usa el diálogo para intensificar tensiones, exponer emociones o sugerir disputas no expresadas. Ya sea un romance o un thriller, el conflicto enriquece la narrativa y la llena de intensidad.

Errores comunes en el diálogo

Diálogo rígido o excesivamente formal:

Lee tus líneas en voz alta. Si suenan forzadas o exageradas, reescríbelas. Las personas rara vez usan una gramática impecable en conversaciones informales. Permítete incluir jerga, oraciones incompletas o expresiones coloquiales.

- **Rígido:** '¿Estás bien, amigo mío?'
- **Natural:** '¿Todo bien, bro?'

Voces homogéneas:

Cada personaje debe tener su propia manera de hablar. Sin embargo, al ser tú quien escribe todos los diálogos, es fácil que las voces suenen similares. Para evitar esto, profundiza en las personalidades de tus personajes. Dales patrones únicos de habla. Por ejemplo, un personaje podría usar siempre apodos, mientras que otro prefiere un tono más formal.

Además, presta atención a los matices de género y personalidad. Los hombres suelen hablar en frases más cortas, tienden a maldecir más y evitan discutir emociones, mientras que las mujeres a menudo se expresan con más detalle. Si un personaje tiene una palabra o frase favorita, haz que sea distintivamente suya. Nada es más monótono que un héroe y una heroína que maldicen exactamente igual.

Uso excesivo de nombres:

Evita repetir constantemente los nombres de los personajes en una conversación. Por ejemplo: '¿Dónde estás, Laura?' 'Aquí estoy, Stefan.' 'Vamos, Laura.'

El contexto y las acciones de los personajes deberían dejar claro quién está hablando. Usa los nombres con moderación, y solo para enfatizar un punto emocional o para aclarar el foco de la conversación.

Las acciones refuerzan el diálogo

Integrar acciones en el diálogo puede reducir la necesidad de etiquetas repetitivas como 'dijo él' o 'dijo ella.' Si las acciones están bien incorporadas, el lector entenderá quién habla de manera natural. Por ejemplo:

'No puedo creer esto,' dijo ella.

Podría reemplazarse por:

Cerró el libro de golpe. 'No puedo creer esto.'

Evita escribir más de tres líneas seguidas de diálogo sin intercalar acciones o descripciones. Esto ayuda a mantener al lector ubicado en la escena, dándole una idea del entorno, las emociones y los movimientos de los personajes.

Cuando el diálogo es natural, significativo y lleno de matices, no solo hace que tus personajes cobren vida, sino que también impulsa la historia de manera poderosa. Una buena conversación en la página puede revelar tanto como una escena llena de acción, y a menudo, con más impacto emocional.

Formato del diálogo

Un formato adecuado garantiza claridad. Cuando un personaje habla, su diálogo debe aparecer en su propio párrafo. Incluso si la línea de diálogo se interrumpe brevemente con una acción, esta debe mantenerse dentro del mismo párrafo. Comienza un nuevo párrafo cada vez que un personaje diferente tome la palabra. Nunca combines las palabras de dos o más personajes en un solo párrafo, ya que esto genera confusión.

Siguiendo estas pautas, tu diálogo no solo será claro y fluido, sino que también enriquecerá la profundidad y el ritmo de tu historia.

Técnicas para enriquecer las conversaciones de tus personajes

Sarcasmo

El sarcasmo es una herramienta elegante para insultar, ideal cuando encaja con la personalidad de tu personaje. Por ejemplo, la Reina de Inglaterra probablemente no usaría sarcasmo, pero un antagonista astuto podría manejarlo como una espada afilada.

Ejemplo:
TONY: ¿Liza y el fútbol? Es como enseñar a un elefante a bailar.
CHLOE: El elefante lo haría mejor.
LIZA (a Chloe): Intenté vomitar mi comida en noveno grado, pero suena más como algo que tú harías.

El sarcasmo no es fácil de escribir y no se adapta a todos los personajes. Es más un rasgo innato que una habilidad adquirida. Si no te sale de forma natural, no lo fuerces; los lectores lo notarán.

Ingenio rápido

Una respuesta ágil o un comentario inteligente puede transformar el diálogo. Generalmente, la primera línea es fuerte, pero la respuesta debe superarla en ingenio.

Ejemplo (de ***Gilmore Girls***, por teléfono):

LORELAI: Ese vestido es demasiado provocativo.

MADRE: No es el vestido, sino la mujer que lo lleva.

LORELAI: Oh, la conexión se está cortando, ¡la casa está atravesando un túnel!

Doble sentido

El doble sentido consiste en crear una línea con dos significados distintos, a menudo combinando un juego de palabras o una ambigüedad sutil. Funciona bien en escenas ligeras y juguetonas o para añadir un toque de humor discreto.

Ejemplo (de *El silencio de los inocentes*):

HANNIBAL LECTER: Me encantaría seguir conversando, pero... estoy cenando con un viejo amigo.

El doble sentido aporta intriga y profundidad, especialmente cuando se adapta al tono y al contexto de la escena. Usarlo eficazmente involucra la imaginación del lector y añade un matiz astuto al diálogo.

Exageración y subestimación

Usa la ironía para amplificar una situación o minimizarla. Por ejemplo, *"Houston, tenemos un problema"* es una subestimación magistral con un impacto emocional contundente.

Dominar estas técnicas te permitirá crear diálogos dinámicos y memorables que enriquecerán tanto a tus personajes como a tu historia.

Conflicto

El conflicto es el motor de toda historia. Sin él, una narrativa corre el riesgo de convertirse en una sucesión aburrida de escenas "agradables" que no desafían a los personajes ni capturan la atención del lector.

¿Qué es el conflicto?

En esencia, el conflicto surge cuando los objetivos, valores o deseos de individuos o grupos chocan, generando tensión y empujando la historia hacia adelante. Puede ser tan íntimo como un personaje debatiendo consigo mismo o tan épico como una batalla entre el bien y el mal.

En ficción, el conflicto se divide en dos categorías principales:

- **Conflicto interno:** La lucha interna de un personaje: enfrentarse a sus miedos, defectos o dilemas morales.
- **Conflicto externo:** Obstáculos que provienen de fuerzas externas al personaje: antagonistas, presiones sociales o desafíos físicos.

Conflicto interno:

Aquí reside el alma de tu historia. El conflicto interno permite a los lectores conectarse profundamente con los personajes mientras enfrentan sus demonios personales o evolucionan emocionalmente. Piensa en Ebenezer Scrooge en *Cuento de Navidad*: su historia no trata sobre vencer a un villano, sino sobre salvarse a sí mismo. Su transformación de un avaro insensible a un hombre generoso y compasivo es lo que hace que su historia sea intemporal y conmovedora.

Conflicto externo:

El conflicto externo aporta emoción y urgencia a la narrativa. Es lo que mantiene a los lectores al borde de sus asientos. Considera *Harry Potter*: su historia está repleta de aventuras peligrosas, desde enfrentarse a magos oscuros hasta proteger a sus amigos. Sin embargo, aunque la trama gira en torno a estos desafíos externos, es el crecimiento emocional de Harry —su valentía, lealtad y resiliencia— lo que hace que su historia sea inolvidable. Los conflictos externos a menudo ofrecen oportunidades para el desarrollo interno, añadiendo profundidad tanto a los personajes como a la narrativa.

Toda gran historia sigue un arco de conflicto:

1. **Introducción del conflicto:** Los personajes descubren qué está en juego.
2. **Acción ascendente:** La tensión aumenta mientras enfrentan obstáculos y contratiempos.

3. **Clímax:** El enfrentamiento final, donde todo está en juego.
4. **Resolución:** Se atan los cabos sueltos, y los personajes emergen transformados.

Los lectores experimentan este arco de forma emocional. Deben sentir la tensión creciente, el clímax palpitante y la liberación catártica de la resolución. Sin conflicto, el lector no tiene razones para involucrarse ni emociones que experimentar.

Si tu historia carece de conflicto, carece de propósito. Pregúntate: ¿Qué está en juego? ¿Qué mantendrá a los lectores pasando páginas? Si no puedes responder estas preguntas, es momento de revisar tu trama.

Trama

La trama es donde tu historia cobra vida: un delicado equilibrio entre imaginación y estructura. Piénsala como el plano de tu novela. Ya sea que prefieras trazar cuidadosamente cada capítulo o lanzarte a escribir y dejar que la historia se desarrolle sobre la marcha, planificar da dirección a tu narrativa.

Algunos escritores abordan la trama como arquitectos, diseñando esquemas detallados con precisión. Otros son más como exploradores, aventurándose sin un mapa y descubriendo la historia a medida que avanza. Ambos enfoques son válidos; no hay un método 'correcto' para planificar, solo el que funcione mejor para ti.

Consejos para planificar tu trama:

- **Esquemas o listas de puntos clave:** Diseña una hoja de ruta para tu historia. Enumera los eventos principales o resúmenes de capítulos para mantenerte enfocado.
- **Deja espacio para la flexibilidad:** Los personajes suelen cobrar vida propia, llevando la trama en direcciones inesperadas. Abraza estos giros; son una señal de que tu historia está viva y en constante evolución.

Un secreto: No importa cuán meticulosamente planifiques, tu historia probablemente cambiará. Los personajes pueden actuar de maneras que no anticipaste, o un subtrama aparentemente menor podría convertirse en un punto de inflexión importante. Esta imprevisibilidad no es un fallo, es parte de la magia de escribir.

Por ejemplo, imagina que planeaste una historia sobre un protagonista tímido que encuentra el amor. Pero mientras escribes, descubres que su viaje trata más sobre el autodescubrimiento que sobre el romance. Sigue ese instinto; a menudo conduce a historias más auténticas y profundas.

Si te sientes bloqueado, regresa a tu trama. ¿El conflicto es lo suficientemente fuerte? ¿Las apuestas son reales? Ajustar pequeños detalles puede reavivar tu creatividad y darte claridad.
Recuerda que el resultado final no tiene que coincidir exactamente con tu plan inicial. Algunas de las mejores historias han sorprendido incluso a sus propios creadores. Confía en el proceso y deja que tu historia encuentre su camino.

PRÓLOGO Y EPÍLOGO

Una pregunta recurrente en mis talleres es: ¿Debería incluir un prólogo o un epílogo? ¿Los lectores los esperan?

Comencemos con el prólogo.

Un prólogo puede ser útil si los lectores necesitan información importante de fondo: algo que sucedió en el pasado de tus personajes y que es esencial para comprender la historia. Esta información podría no encajar fácilmente en la narrativa principal y podría interrumpir su flujo si se introduce más adelante mediante flashbacks.

¿Por qué no usar flashbacks?

Aunque los flashbacks pueden ser efectivos, tienen un inconveniente: interrumpen el ritmo de la historia. Imagina que has logrado sumergir a tus lectores por completo en el presente de tu narrativa y, de repente, un flashback los saca de ese momento, obligándolos a adaptarse a una línea de tiempo diferente. Justo cuando se reorientan, son arrastrados de vuelta al presente, rompiendo el flujo de lectura.

Esto se vuelve especialmente problemático si hay varios flashbacks a lo largo del libro, fragmentando la narrativa. En cambio, un prólogo bien escrito puede condensar los eventos pasados más relevantes, estableciendo el contexto necesario sin romper el ritmo de la historia principal.

Consejos para escribir un prólogo efectivo

- **Relevancia ante todo:** Incluye solo eventos esenciales para que los lectores comprendan tu historia. Descarta detalles superfluos que puedan ralentizar el inicio.

- **Cierra con un gancho:** Termina el prólogo en un momento intrigante o de suspenso. Esto despierta la curiosidad del lector y prepara un futuro momento de "¡ahora lo entiendo!".
- **No lo cuentes todo:** Deja algunos misterios sin resolver para la narrativa principal.
- **Cuida la extensión:** Entre 2 y 10 páginas suelen ser ideales. Un prólogo debe ser más corto o igual de largo que los capítulos regulares.

Finalmente, trata tu prólogo con el mismo nivel de detalle y cuidado que el resto de tu historia. Introduce a los personajes con viveza, hazlos sentir reales, y muestra los eventos en lugar de simplemente narrarlos.

Ahora, hablemos del epílogo.

En mi experiencia como autora de romance, el epílogo es un regalo adicional para los lectores. Aunque no es estrictamente necesario, ofrece una maravillosa oportunidad para darles una sensación de cierre y satisfacción.

Piénsalo de esta forma: después de pasar días o incluso semanas inmersos en tu historia, riendo, llorando y conectando con tus personajes, los lectores a menudo no quieren despedirse. El epílogo les permite un descenso suave desde los momentos emocionales más intensos del clímax, ofreciéndoles un último instante para disfrutar de los personajes que han llegado a amar. Es la cereza sobre el pastel: la historia está completa sin él, pero es aún más deliciosa con él.

¿Por qué incluir un epílogo?

- **Cierre:** Resuelve cabos sueltos o responde preguntas pendientes.
- **Un vistazo al futuro:** Muestra qué sucede con los personajes después del capítulo

final. ¿Cumplieron sus sueños? ¿Vivieron felices para siempre?

- **Recompensa para el lector:** Brinda una conclusión emotiva a quienes han invertido su tiempo y emociones en tu historia.

A diferencia del prólogo, el epílogo tiene una mayor flexibilidad en su extensión. Puede ser tan breve como una página o tan largo como un capítulo completo. Algunos autores incluso utilizan el epílogo para insinuar posibles secuelas o futuras historias, aunque esto dependerá de tu estilo y del género de tu obra.

Conclusión

El prólogo y el epílogo son herramientas valiosas, no reglas estrictas. Úsalos solo si aportan algo significativo a tu novela. Si un prólogo añade claridad o intriga y un epílogo ofrece cierre o satisfacción, pueden elevar tu obra a otro nivel. Sin embargo, si sientes que se ven forzados o no son necesarios, es mejor prescindir de ellos. Tu objetivo principal debe ser brindar a los lectores una experiencia inolvidable, una que permanezca con ellos mucho después de haber cerrado el libro.

El orden de los capítulos

¿Cómo deberías abordar la escritura de un libro? ¿Es mejor escribir cada capítulo en orden secuencial, tal como aparecerán en la versión final, o puedes saltarte algunos y escribir capítulos posteriores primero, para luego encajarlos más adelante?

Mi consejo claro y contundente es: **¡Sigue el orden!**

Tus personajes—y tu historia—evolucionarán de forma natural a medida que los conflictos se desarrollen. El personaje que conocerás en el Capítulo 17 será muy distinto al que presentaste en el Capítulo 3. Sus emociones, pensamientos e incluso sus motivaciones fundamentales cambiarán mientras enfrentan desafíos y crecen. Esta evolución no solo afecta a los personajes, sino también al tono y la energía global de la obra.

Por qué escribir fuera de orden puede complicar todo

En un principio, saltarte el orden puede parecer una excelente idea. Tienes una chispa de inspiración para una escena en el Capítulo 17 y decides escribirla de inmediato. Las acciones y emociones de los personajes parecen perfectamente coherentes, y las palabras fluyen con facilidad. Piensas: *Esto es perfecto, lo añadiré después.*

Sin embargo, a medida que avanzas por los capítulos 13 al 16, comienzas a notar algo: ese capítulo 'perfecto' ya no encaja tan bien como pensabas.

¿Por qué sucede esto?

1. **Evolución de los personajes:** Para cuando llegues al Capítulo 17, tus personajes habrán vivido experiencias y transformaciones que no podías prever cuando escribiste ese capítulo adelantado. Sus decisiones, emociones y perspectivas habrán cambiado, y el texto ya no reflejará con precisión quiénes son en ese punto.
2. **Capas de profundidad:** A lo largo de los capítulos previos, habrás añadido detalles sutiles—subtramas, emociones o pequeños matices—que enriquecen la historia. Esos elementos no estarán presentes en el capítulo que escribiste antes de tiempo, creando brechas en la lógica o el tono.
3. **Ruptura del flujo:** La transición entre el Capítulo 16 y tu preescrito Capítulo 17 puede sentirse abrupta o forzada. Incluso con revisiones extensas, esa parte puede carecer de la continuidad fluida necesaria para mantener a los lectores inmersos en la narrativa.

Lo que inicialmente parecía un atajo termina siendo un tropiezo que afecta el ritmo y la coherencia emocional de tu libro.

Un enfoque más eficiente

Para evitarte frustraciones, resiste la tentación de escribir capítulos fuera de orden. En lugar de ello, toma notas detalladas sobre las ideas que deseas desarrollar más adelante. Aquí algunas sugerencias:

- **Diálogos:** Si tienes una conversación específica en mente, anótala en un documento separado. Esto te permitirá conservar la esencia del momento sin comprometer la lógica de la trama futura.
- **Escenas o conceptos:** Describe brevemente la acción, las emociones y los temas que deseas explorar en esa escena. Deja espacio para adaptarlos según lo que ocurra en los capítulos intermedios.
- **Personajes:** Escribe cómo imaginas que tus personajes sentirán o actuarán en ese

momento específico. Sin embargo, mantente flexible: sus motivaciones y reacciones podrían cambiar a medida que los desarrolles.

De esta manera, puedes preservar tu inspiración sin comprometer la cohesión y la lógica de tu historia.

Las ventajas de escribir en orden cronológico

Cuando escribes los capítulos en orden, te mantienes en sintonía con la progresión natural de tu historia. Cada capítulo fluye sin esfuerzo desde el anterior, garantizando coherencia en el tono, el ritmo y el desarrollo de los personajes. Para cuando llegues al Capítulo 17, cualquier elemento que hayas anotado previamente puede integrarse de manera orgánica, adaptándose al estado de ánimo y la energía de la narrativa en ese punto.

Sí, este enfoque puede parecer más lento al principio, pero a largo plazo te ahorra tiempo. Evitarás el arduo proceso de reajustar escenas, reescribir secciones completas o romper la fluidez narrativa que tus lectores esperan.

Piensa en tu novela como un viaje.

Escribir una novela es como emprender una travesía. Cada paso importa, cada decisión influye en el siguiente tramo. No puedes saltarte el camino y esperar llegar al destino sin comprender cómo se construyó el recorrido. El viaje en sí, con todas sus sorpresas y desafíos, es lo que da vida y autenticidad a tu historia.

FORMATO

¿Cómo debes formatear tu libro? Hay dos formatos principales que considerar:

1. **Formato de trabajo:** Utilizado durante el proceso de escritura para mantener el manuscrito claro, organizado y fácil de editar.
2. **Formato de publicación:** Aplicado cuando el libro está listo para subirse a Amazon u otras plataformas de venta.

A continuación, desglosamos cada formato paso a paso.

Formato de trabajo

Durante la escritura, la claridad y la legibilidad son tus prioridades principales. Sigue estas configuraciones para tu manuscrito:

- **Alineación del texto:** Justificada (alineada tanto a la izquierda como a la derecha).
- **Sangría de párrafos:** La primera línea de cada párrafo debe tener una sangría de 0,5 pulgadas (1,27 cm).
- **Fuente:** Times New Roman.
- **Tamaño de fuente:** 12 puntos.
- **Espaciado entre líneas:** Doble.
- **Números de página:** Ubicados en la parte inferior de cada página.
- **Encabezados de capítulo:** Utiliza el estilo 'Encabezado 1' de Word. Personaliza la apariencia a través de la opción 'Modificar' en el menú de Estilos, lo que también facilitará la creación de una tabla de contenido más adelante.

¿Por qué usar espaciado doble?

El espaciado doble mejora la legibilidad, facilita detectar errores y hace más sencillo localizar pasajes específicos durante la edición.

Mantén los párrafos cortos:

Los párrafos demasiado largos pueden abrumar al lector. En su lugar, procura que sean concisos, de 2 a 5 oraciones. Piensa en un salto de línea como una pausa natural o una respiración profunda. Los párrafos más cortos mantienen el interés del lector y mejoran el flujo general del texto.

Formato de publicación

Cuando tu manuscrito esté finalizado, realiza algunos ajustes para prepararlo para su publicación:

- **Cambia el espaciado entre líneas:** Pasa de espaciado doble a espaciado simple.

- **Ajusta las aperturas de capítulo:** Elimina la sangría en la primera línea de cada capítulo. Solo esa primera línea debe alinearse a la izquierda; el resto de los párrafos deben conservar su sangría.
- **Añade material preliminar y complementario.**

Material preliminar:

1. **Página del título:** Incluye el título del libro y el nombre del autor.
2. **Página de derechos de autor:** Agrega detalles de publicación y exenciones de responsabilidad.
3. **Tabla de contenido:** Usa la herramienta de Word para generar automáticamente la tabla de contenido.

Material complementario:

1. **Vista previa de tu próximo libro (opcional):** Incluye un adelanto para captar el interés de tus lectores.

2. **Lista de tus otras obras:** Muestra tus trabajos previos o relacionados.
3. **Biografía breve del autor:** Preséntate al lector con un párrafo personal que refleje tu estilo y tu trayectoria.

Limpieza final

Antes de subir tu manuscrito, realiza estos pasos para eliminar errores de formato:

Paso 1: Elimina espacios dobles

1. Abre la herramienta Buscar y Reemplazar de Word.
2. En el campo 'Buscar,' escribe dos espacios.
3. En el campo 'Reemplazar,' escribe un solo espacio.
4. Haz clic en 'Reemplazar todo' y repite hasta que Word informe 0 cambios.

Paso 2: Elimina espacios antes de los párrafos

1. Abre Buscar y Reemplazar nuevamente.
2. En el campo 'Buscar,' escribe: `^p` (esto busca una marca de párrafo seguida de un espacio).
3. En el campo 'Reemplazar,' escribe: `^p` (esto elimina el espacio tras la marca de párrafo).
4. Haz clic en 'Reemplazar todo' y repite hasta que Word informe 0 cambios.

Paso 3: Elimina espacios después de los párrafos

1. Abre Buscar y Reemplazar nuevamente.
2. En el campo 'Buscar,' escribe: `^p` (esto busca un espacio seguido de una marca de párrafo).
3. En el campo 'Reemplazar,' escribe: `^p` (esto elimina el espacio antes de la marca de párrafo).
4. Haz clic en 'Reemplazar todo' y repite hasta que Word informe 0 cambios.

Tu manuscrito está listo.

Una vez que tu manuscrito esté correctamente formateado y revisado a fondo, estará listo para subirse a la plataforma de tu elección. Ya sea que publiques en Amazon o en otro servicio, estos pasos garantizarán que tu libro tenga una presentación profesional que cumpla con los estándares de la industria, maximizando su impacto en los lectores.

Sinopsis

Para muchos autores, escribir una sinopsis puede parecer una tarea intimidante, pero no tiene por qué serlo. Piénsalo como un desafío emocionante: la oportunidad de condensar tu historia en unas pocas líneas irresistibles que capten la atención de tus futuros lectores.

Una sinopsis efectiva resume brevemente los primeros 3 a 5 capítulos de tu libro y termina con un gancho impactante: una última línea que genera intriga y deja a los lectores ansiosos por seguir leyendo.

Elementos clave de una sinopsis

Tu sinopsis debe incluir:

- **Los protagonistas:** Menciona el nombre y la edad de los personajes principales para que los lectores conecten rápidamente con ellos.
- **El tema:** ¿Cuál es la idea central o el corazón emocional de la historia?
- **Un giro inesperado:** Sugiere un evento clave o un desafío que rompa el statu quo.
- **El gancho:** Una línea final inolvidable que despierte la curiosidad y motive a los lectores a abrir el libro.

Qué es (y qué no es) una sinopsis

Una sinopsis **no** es un resumen completo de tu libro. Es un adelanto diseñado para intrigar a los lectores y animarlos a explorar los capítulos iniciales. La mayoría de las muestras incluyen el primer capítulo o dos, así que tu sinopsis debe enfocarse en llevarlos hacia ese punto de entrada.

Cómo escribir una sinopsis breve y poderosa

Cuanto más concisa sea tu sinopsis, mejor. Los lectores que navegan entre docenas de libros no tienen tiempo para leer descripciones extensas. Una sinopsis sólida, de apenas cuatro o cinco frases, puede destacar y captar su interés.

Consejos prácticos:

- **Refleja la voz de tu libro:** Si tu novela es ligera y divertida, deja que el tono de la sinopsis lo refleje. Si es oscura y llena de suspense, ajusta el lenguaje para que coincida.
- **Evita las listas:** La sinopsis debe sentirse fluida y atrapante, no como un listado de puntos.
- **Genera tensión:** Usa un lenguaje dinámico y adecuado al género para entusiasmar a los lectores y dejarlos con ganas de más.

El gancho: La clave de una sinopsis memorable

El gancho es el componente más importante de tu sinopsis. Es lo que quedará en la mente de los lectores y los impulsará a hacer clic en *comprar*. Sin embargo, muchos autores cometen el error de terminar con preguntas predecibles o genéricas.

Ejemplo de un gancho débil:

"¿Podrá Sarah superar sus prejuicios y enamorarse?"

Problema: La respuesta es evidente. Los lectores no necesitan leer el libro para adivinar el desenlace.

En su lugar, crea un gancho que despierte curiosidad y no pueda responderse fácilmente. Usa preguntas abiertas como *"¿Cómo," "Quién" o "Qué"* o redacta una declaración provocadora que deje al lector queriendo más.

Ejemplos de ganchos efectivos:

Una pregunta intrigante:
"¿Cómo manejará Sarah sus sentimientos cuando la verdad sobre su pasado amenace con destruir todo lo que ha construido?"

Una declaración que provoca emoción:
"Ella pensó que estaba a salvo, hasta que el hombre en quien más confiaba se convirtió en la única persona de la que no podía escapar."

Escribir una sinopsis que brille

Escribir una sinopsis convincente requiere práctica, pero no dejes que te intimide. Concéntrate en crear una mini-historia que emocione a los lectores y les dé justo lo necesario para despertar su interés. Mantén el texto breve, cautívalos con suspense y deja que la voz única de tu libro brille.

Recuerda esto: **Tu sinopsis es el primer apretón de manos entre tu historia y tus lectores.** Haz que sea firme, memorable e imposible de resistir.

Crítica

Por más que valoremos las opiniones de amigos y familiares, no son los compañeros ideales para criticar nuestro trabajo. Su afecto hacia ti suele impedirles ofrecerte una retroalimentación completamente honesta. En su lugar, busca la crítica de escritores profesionales: personas que entienden el oficio y saben identificar qué aspectos deben mejorar en un manuscrito.

¡La crítica tiene sus reglas!

Escribir es un arte, pero también un oficio. Como cualquier profesión, requiere aprender y dominar ciertas reglas. El talento es importante, sí, pero por sí solo no basta.

Recibir tu primera crítica profesional puede ser una experiencia abrumadora. Prepárate para sentirte sorprendido, e incluso herido. Es parte del proceso. Una crítica profunda probablemente revelará que tu manuscrito está lejos de estar listo. Tal vez necesite revisiones importantes, y es posible que tengas que trabajar en varias rondas antes de que alcance un nivel publicable.

Cómo enfrentar una crítica:

- **Léela con calma:** Revisa los comentarios con detenimiento, sin precipitarte.
- **Tómate un respiro:** Aléjate del texto por unas horas o incluso unos días. Esto te dará espacio para procesar cualquier incomodidad inicial antes de retomarlo.
- **Vuelve con una nueva perspectiva:** Una vez que el impacto emocional haya disminuido, analiza las sugerencias con mente abierta y enfoque crítico.

Recuerda: La crítica no es un ataque personal. Se dirige exclusivamente a tu escritura, no a ti como individuo. En su mayoría, se centra en la técnica narrativa y la estructura de la historia, con el objetivo de ayudarte a crecer y perfeccionar tu trabajo.

¡La crítica dura es un regalo!

A veces, las críticas pueden parecer duras, y eso está bien. Si alguien señala un problema recurrente, es porque desea ayudarte a mejorar. Tómate el tiempo necesario para reflexionar sobre cada comentario. Pero recuerda siempre: tú eres el creador de tu libro.

No tienes que aceptar cada observación. Si algo no encaja con tu visión o no resuena contigo, confía en tu intuición. Tu escritura debe mantenerse fiel a tu voz. Considera la crítica como un conjunto de herramientas para pulir tu obra, no como una receta para transformarla en algo que no te representa.

Compañeros de crítica

El compañero de crítica ideal:

- Es un escritor, preferiblemente dentro de tu mismo género.
- Posee habilidades similares a las tuyas o, mejor aún, superiores.
- Respeta tu estilo y tu voz como autor.
- Antepone el profesionalismo a la amistad.

Cómo encontrar un compañero de crítica:

- Únete a grupos de escritores en Facebook u otras comunidades literarias.
- Forma tu propio grupo de crítica, intercambiando capítulos para obtener retroalimentación.
- Realiza una prueba intercambiando uno o dos capítulos para evaluar si existe compatibilidad.

Encontrar al compañero de crítica adecuado es como buscar a la pareja ideal: requiere paciencia, compromiso y, sobre todo, confianza. Cuando encuentres a alguien que te desafíe de manera constructiva y fomente tu crecimiento, habrás hallado un verdadero tesoro.

Por qué necesitas un compañero de crítica

Incluso los autores más experimentados necesitan una perspectiva externa. Como creador, estás tan inmerso en tu historia que puedes perder de vista errores, vacíos o áreas que necesitan desarrollo. Un compañero de crítica te ofrece esa mirada fresca y objetiva, ayudándote a identificar qué funciona y qué necesita ajustes.

Los compañeros de crítica solo requieren inversión de tiempo, pero los beneficios que aportan son incalculables. Además, estarán ahí para celebrar tus logros contigo, ¡y un poco de reconocimiento puede ser un bálsamo increíble para el alma de un escritor!

Bloqueo del escritor

A todos nos pasa.

El bloqueo del escritor puede surgir en cualquier momento, y no existe una fórmula mágica para superarlo. La clave está en comprender qué lo ha provocado y encontrar una forma de avanzar.

¡Libérate de la presión!

El bloqueo suele ser producto del estrés o de expectativas que tú mismo te impones. Cuando esto suceda, aléjate de tu manuscrito y dedica tu atención a algo completamente diferente. Aquí tienes algunas ideas:

- Sal de compras.
- Redecora tu espacio de escritura.
- Haz una limpieza profunda en casa.
- Comparte tiempo con amigos.
- Enfócate en la promoción de otro libro.

El objetivo es soltar la tensión. Escribir bajo presión rara vez resulta en tu mejor trabajo.

¡Confía en el proceso!

Escribir es parte esencial de quién eres. Si lo llevas en la sangre, regresará a ti cuando sea el momento adecuado. Mientras tanto, céntrate en disfrutar el presente y nutrir otras áreas de tu vida.

Recuerda: El bloqueo del escritor no marca el fin de tu creatividad, simplemente es una pausa. Permítete descansar, renovarte y volver a escribir cuando la inspiración toque a tu puerta.

Corrección

Al perfeccionar tu manuscrito, dos servicios esenciales entran en juego: la **edición** y la **corrección de pruebas**.

Edición

Si eres principiante y no cuentas con un compañero de crítica experimentado (otro autor que te ayude a pulir tu manuscrito durante el proceso de escritura), contratar a un editor profesional es imprescindible. Un editor revisará tu manuscrito para:

- **Problemas de trama:** Detectar inconsistencias o fallos en el ritmo narrativo.

- **Estilo:** Mejorar la fluidez, el tono y la cohesión general.
- **Diálogos:** Asegurarse de que sean naturales, auténticos y coherentes con los personajes.
- **'Mostrar vs. Contar':** Identificar partes donde una descripción vívida e inmersiva pueda sustituir una narración plana.

La edición es un proceso profundo y transformador que aborda los fundamentos técnicos de la narración. Aunque los costos suelen oscilar entre $3.50 y $6.50 por página estándar, es una inversión esencial si aspiras a convertirte en un autor profesional. Recuerda que un manuscrito mal editado puede perjudicar tu reputación, especialmente si te autopublicas, donde las primeras impresiones son cruciales.

Corrección de pruebas

La corrección de pruebas se centra exclusivamente en corregir errores de ortografía, gramática y puntuación. Es un servicio generalmente más asequible que la edición, con precios que varían entre $2.50 y $4.50 por página estándar.

Incluso la inteligencia artificial puede realizar esta tarea en algunos casos.

Antes de elegir un editor o corrector:

- **Negocia, pero prioriza la calidad:** Es válido pedir un descuento, pero no tomes la decisión únicamente basándote en el precio.
- **Revisa sus credenciales:** Asegúrate de que el editor o corrector tenga formación académica relevante (por ejemplo, en lenguas, literatura o lingüística).
- **Solicita muestras:** Pide entre 3 y 5 páginas estándar editadas para evaluar su capacidad. Proporciona material sin pulir para obtener una visión real de su nivel.
- **Compara las muestras:** Analiza todas las muestras recibidas y elige al editor cuyo trabajo resuene contigo. Confía en tus instintos, no solo en la tarifa.

- **No descuides la sinopsis:** Tu sinopsis es tan importante como el manuscrito. Asegúrate de que reciba la misma atención profesional antes de la publicación.

Carta de presentación

La carta de presentación es el arte de proponer tu manuscrito a una editorial o agencia literaria. Es tu oportunidad de causar una excelente primera impresión, por lo que cada detalle cuenta.

Cómo redactar una carta de presentación exitosa

- **Saludo personalizado:** Dirígete al destinatario por su nombre.
- **Introducción a medida:** Explica por qué envías tu manuscrito a esa editorial o agencia en particular. Menciona qué

admiras de su trabajo, de sus autores o de su enfoque editorial.

- **Tono profesional:** Mantén una redacción pulida y formal. Está bien mostrar un poco de tu personalidad, pero evita ser excesivamente informal.
- **Resumen conciso:** Presenta tu libro en una o dos frases y reserva los detalles para la sinopsis.
- **Transparencia:** Si estás enviando tu manuscrito a varias agencias, es aceptable mencionarlo. Sin embargo, evita enumerar las agencias que ya te han rechazado.
- **Revisa antes de enviar:** Los errores en tu carta pueden arruinar una propuesta que, de otro modo, sería excelente. Asegúrate de que tu texto sea impecable.
- **Lleva un registro de envíos:** Anota a quién y cuándo envías tus propuestas para evitar duplicados.
- **Evita reenviar:** Una vez que hayas enviado la carta, resiste la tentación de modificarla o

reenviarla. Cambiar de opinión tras el envío puede parecer poco profesional.

¡El tiempo es crucial!

Evita enviar tu carta inmediatamente después de eventos importantes de la industria, como las ferias del libro de Leipzig o Frankfurt, o durante la temporada navideña. En esos periodos, los agentes y editores suelen estar saturados, lo que reduce la probabilidad de recibir una respuesta detallada.

Seudónimo

Un seudónimo es un nombre alternativo que puedes utilizar si prefieres no publicar tus obras bajo tu nombre real.

¿Deberías usar un seudónimo?

La decisión de utilizar o no un seudónimo depende por completo de tus preferencias y circunstancias.

- **Usa tu nombre real:** Si te sientes orgulloso de tu nombre y deseas asociarlo públicamente con tu obra, no necesitas un seudónimo.
- **Elige un seudónimo:** Si escribes en un género como la literatura erótica u otro nicho que pueda hacerte sentir incómodo al

vincularte públicamente con tu obra, un seudónimo puede ofrecerte privacidad y tranquilidad.

También puedes optar por un seudónimo simplemente porque te gusta la idea o porque sientes que encaja mejor con tu identidad creativa. Sea cual sea tu motivo, hay algunos aspectos importantes a considerar al elegir uno.

Cómo elegir el seudónimo perfecto:

- **Elige un nombre con el que te identifiques** Selecciona un seudónimo que te parezca auténtico, uno con el que puedas conectar a largo plazo. Cuanto más cercano sea a tu nombre real o a algo significativo para ti, más fácil será integrarlo en tu identidad como autor. Recuerda que un nombre que al principio parece emocionante puede perder su atractivo con el tiempo, así que tómate el tiempo necesario para decidir.

- **Ponlo a prueba**

  Antes de decidirte, diseña una portada simulada de un libro con tu seudónimo. Utiliza una imagen sencilla y coloca el nombre de manera prominente en la parte superior o inferior. Guarda la portada y obsérvala regularmente durante unas semanas. Si el nombre sigue resonando contigo, es una buena elección. Si no, prueba otro y repite el proceso.

Un seudónimo es más que un nombre; se convierte en parte esencial de tu identidad como autor. Ya sea que lo uses por privacidad, estrategia de marca o expresión creativa, dedícale el tiempo necesario para tomar una decisión bien pensada.

Redes sociales

Como autor, hay tres pilares fundamentales en las redes sociales que te ayudarán a construir tu marca y conectar con tus lectores:

- **Tu página web**
- **Tu blog**
- **Tus perfiles en redes sociales**

Cada uno cumple un propósito único y, cuando se usan de manera estratégica, pueden ayudarte a ampliar tu base de lectores y consolidar tu presencia como autor.

1. La página web

Tu página web es tu centro de operaciones: un espacio estático, profesional y accesible donde los lectores pueden encontrar toda la información esencial sobre ti y tus libros. Como mínimo, tu sitio web debería responder estas preguntas clave:

- **¿Quién eres?** Comparte una biografía breve y atractiva que conecte con tus lectores.
- **¿Qué libros has escrito?** Incluye una lista completa con enlaces para adquirirlos.
- **¿Cómo pueden contactarte?** Proporciona un formulario de contacto o una dirección de correo electrónico.

Para ir más allá, puedes agregar:

- **Página de preguntas frecuentes (FAQ):** Responde a las dudas comunes sobre tu proceso creativo o tus obras.
- **Material exclusivo:** Comparte contenido adicional, como escenas eliminadas,

historias de personajes o avances exclusivos de tus proyectos.

- **Página de noticias o actualizaciones:** Anuncia próximos lanzamientos, eventos o colaboraciones.
- **Integración con tu blog:** Si tienes un blog, asegúrate de que esté integrado de manera orgánica en tu sitio.

Hazlo visualmente atractivo: Diseña tu página con un estilo que refleje tu marca y el género de tus libros. Evita el texto de relleno o contenido superfluo; cada sección debe tener un propósito claro.

Consejo profesional: Invierte en un dominio personalizado. Evita URLs gratuitas que incluyan el nombre del proveedor (por ejemplo, alicebuttercup.wordpress.com), ya que pueden restarle profesionalismo a tu sitio. La mayoría de los proveedores cobran entre $30 y $50 anuales para eliminar su marca; es una inversión que vale la pena.

2. El blog

Un blog te permite conectar de forma dinámica y continua con tus lectores, ofreciéndote una plataforma para compartir actualizaciones, pensamientos y novedades en tiempo real. Algunos servicios de páginas web, como WordPress, incluyen funcionalidades de blog integradas. Si tu proveedor no las ofrece, considera abrir un blog independiente en plataformas como Blogspot y enlazarlo desde tu página principal.

¿Qué compartir en el blog?

- Reflexiona sobre temas que te interesen o inspiren.
- Anuncia nuevos proyectos, lanzamientos o eventos.
- Genera expectativa para tus próximos libros con adelantos de portadas, fragmentos o sinopsis.

Frecuencia de publicación:

Apunta a publicar algo nuevo cada 2–4 semanas. No obstante, prioriza la calidad sobre la cantidad. Si un post especialmente atractivo permanece más tiempo visible, eso también puede ser beneficioso, ya que mantiene el interés de los lectores.

Recuerda: El blog es una herramienta, no una obligación. Escribe solo cuando tengas algo significativo que compartir.

3. Redes sociales: Facebook, Instagram y TikTok

Las redes sociales son el puente directo entre tú y tus lectores. Úsalas para interactuar con tu audiencia, construir relaciones auténticas y fortalecer tu comunidad literaria.

Facebook

- Crea una página oficial de autor separada de tu perfil personal. Esta página pública representa tu identidad profesional.
- Comparte actualizaciones, fomenta conversaciones y organiza sorteos o concursos.
- Mantén un tono amigable y positivo. Evita publicaciones polémicas, como debates políticos o quejas personales. Ante comentarios ofensivos, elimínalos sin entrar en discusiones.

Instagram y TikTok

Estas plataformas visuales son perfectas para explotar tu creatividad y captar la atención de nuevos lectores. Comparte:

- Imágenes llamativas de tus libros, tu espacio de escritura o inspiraciones visuales relacionadas con tu obra.

- Momentos tras bastidores de tu proceso creativo.
- Videos breves y dinámicos para promocionar tus proyectos.

Consejos para una interacción efectiva:

- **Genera conversación:** Haz preguntas, organiza encuestas o lanza desafíos divertidos.
- **Varía los premios en sorteos:** Además de libros firmados, incluye obsequios temáticos o detalles personalizados.
- **Simplifica las reglas:** Asegúrate de que las dinámicas sean accesibles, especialmente para nuevos lectores. Evita pedir que compren tu libro como condición para participar; en su lugar, utiliza actividades fáciles y entretenidas para captar su interés.

Revisa antes de publicar: Los errores ortográficos o gramaticales pueden dañar tu imagen profesional. Lee cada publicación con cuidado antes de compartirla. Si notas un error después, corrígelo de inmediato utilizando la función de edición.

Evita que las redes sociales absorban tu tiempo de escritura. Aunque estar en más plataformas puede incrementar tu visibilidad, gestionar demasiadas cuentas puede agotar tu energía creativa. Prioriza calidad sobre cantidad.

La verdad sobre los "me gusta"

Es fácil caer en la tentación de medir el éxito por la cantidad de "me gusta" o seguidores, pero estas cifras no definen tu valor como autor. En lugar de obsesionarte con los números, enfócate en ofrecer contenido significativo que conecte con tu audiencia.

No compres "me gusta": Comprar seguidores puede dañar tu credibilidad. Los lectores notarán si tienes miles de seguidores pero poca interacción genuina. La autenticidad siempre será más valiosa que las apariencias.

El equilibrio es clave

Las redes sociales son herramientas poderosas para conectar con tus lectores y consolidar tu marca como autor. Con una página web profesional, un blog dinámico y una presencia activa en plataformas clave como Facebook, Instagram y TikTok, puedes ampliar tu base de lectores sin perder de vista tu esencia creativa.

Usa estas herramientas como aliadas para potenciar tu carrera literaria, no como distracciones que te aparten de tu escritura.

Copia de seguridad

Perder meses de trabajo por una falla en el ordenador, un robo o un desastre inesperado, como un incendio, es la peor pesadilla de cualquier autor. Para evitar esta situación devastadora, es imprescindible realizar copias de seguridad de tus archivos en varios lugares, idealmente en dos o tres ubicaciones diferentes.

Aquí tienes una estrategia práctica y eficaz para respaldar tu trabajo:

- **Respaldo en tu ordenador:** Guarda todos tus archivos en una carpeta específica y bien organizada en tu equipo.

- **Disco duro externo:** Realiza copias regulares de tus archivos en un disco duro externo como medida adicional de seguridad.
- **Respaldo fuera de casa:** Una vez al año, copia tus archivos en un disco duro externo que guardes en un lugar seguro fuera de tu hogar. Por ejemplo, yo respaldo mis archivos en un disco duro que dejo en casa de mi madre, a 300 km de distancia. Esto garantiza que haya una copia segura incluso si ocurre algo con mi equipo o vivienda.
- **Respaldo en el correo electrónico:** Sube tus archivos como adjuntos en correos electrónicos y guárdalos en tu bandeja de borradores o en una carpeta dedicada. Incluye tus manuscritos, portadas y cualquier material relevante. Pase lo que pase con tu equipo físico, siempre podrás acceder a estos respaldos desde cualquier dispositivo con conexión a Internet.

Un sistema tan sencillo como este puede salvarte de un gran dolor de cabeza en caso de emergencia.

Consejo profesional: Si necesitas compartir tu manuscrito—ya sea un libro completo, un capítulo o materiales complementarios—utiliza siempre el correo electrónico en lugar de aplicaciones de mensajería. Las plataformas de mensajería no son seguras para este propósito y pueden ocasionar pérdida de datos o accesos no autorizados.

¡BUENA SUERTE!

¡Y eso es todo por ahora! Espero que estas lecciones y consejos te sean de gran utilidad mientras comienzas tu aventura como escritor. Con dedicación, práctica y perseverancia, descubrirás que el proceso no es tan intimidante como parece al principio.

Sobre todo, nunca te rindas. Mantén tu meta en mente y avanza paso a paso, con paciencia y determinación.

Ahora, te deseo mucha diversión, creatividad y éxito mientras das vida a tu primer bestseller. ¡Que empiece la magia de escribir!

Más libros de Anna Katmore

HIGH SCHOOL PLAYERS

Juega conmigo

Juego injusto

Desastre de Amor

Un Rebelde para Sue

El Rebelde Enamorado

¡ENAMÓRATE DE MÍ!

La apuesta imposible

Donde nos perdimos

AMOR EN LA NIEVE

Tú eras mi eternidad

Luciérnagas de Invierno

*

Diecisiete Mariposas

RAFFAEL Y SEBASTIÁN

Rompiendo las reglas

Rompiendo los límites

Rompiendo el titanio

UN VIAJE MÁGICO

Corazón perdido en Neverland

La venganza de Pan

CRÓNICAS DEL PAÍS DE LAS HADAS

Un príncipe para Caperucita Roja

Un lobo en su camino

*

Eloyn

Lágrimas de Ángel

Mi Vampiro Secreto

Tres Pecados antes de Medianoche

Sobre la Autora